MÉTHODE
DE LECTURE
EN DIX LEÇONS,
FORMANT UN SYLLABAIRE
REPRODUIT EN DIX GRANDS TABLEAUX,

A L'USAGE DES ÉCOLES PRIMAIRES

DES SŒURS DE LA PRÉSENTATION DE CHATEL.

J. M. J.

LONS-LE-SAUNIER,

IMPRIMERIE ET LITHOGRAPHIE DE A. ROBERT.

—

1861.

MÉTHODE
E LECTURE
EN DIX LEÇONS,
FORMANT UN SYLLABAIRE
REPRODUIT EN DIX GRANDS TABLEAUX,

A L'USAGE DES ÉCOLES PRIMAIRES

DES SŒURS DE LA PRÉSENTATION DE CHATEL.

J. M. J.

LONS-LE-SAUNIER,

IMPRIMERIE ET LITHOGRAPHIE DE A. ROBERT.

—

1861.

Tout exemplaire non revêtu de la signature ci-dessous sera réputé contrefait, et tout contrefacteur ou débitant de contrefaçons sera poursuivi selon la rigueur de la loi.

S. Marie Xavier

INTRODUCTION.

Une expérience de plus de trente années dans l'art d'apprendre à lire aux petits enfants nous ayant appris les difficultés qu'ils rencontrent dans la pratique de certaines méthodes, nous avons voulu, dans celle-ci, les aplanir et même en éviter un grand nombre.

Nous avons eu soin, en présentant graduellement les principales difficultés, d'en faire l'application sur de petites phrases qui, sans doute, laissent bien à désirer à cause du peu de latitude qu'on avait en les formant, puisqu'elles ne devaient renfermer aucune des difficultés à voir, mais reproduire seulement celles qui ont été vues jusqu'alors. Ces petits sens, quoique imparfaits, ne laissent pas d'intéresser les enfants; c'est un moyen, selon nous, de leur donner quelque attrait pour une étude si difficile et si ennuyeuse.

Nous croyons qu'il faut éviter de faire appeler les lettres a, bé, cé, dé, é, effe, gé, etc., et qu'il vaut mieux leur donner les noms suivants:

a, b, c, d, e, f, g, h, i, j, k, l, m, n, o, p, q,
a, be, ke, de, e, fe, gue, che, i, je, ke, le, me, ne, o, pe, que,

r, s, t, u, v, x, y, z.
re, se, te, u, ve, xe, i, ze.

Nous engageons à faire bien connaître les exercices avant de passer aux applications; les syllabes de ces exercices ne doivent pas s'épeler, mais être prononcées et apprises comme s'il ne s'agissait que d'une seule lettre.

Quant aux applications, on peut épeler ou ne pas épeler; ce dernier cas serait préférable, si on avait affaire à des enfants un peu intelligents: les progrès en seraient plus rapides. Lorsqu'on fait épeler, on doit prononcer légèrement l'articulation, et ne jamais décomposer les voyelles et les consonnes composées. Ainsi, le mot *beau* s'épellera: *b eau, beau*, et non *be e a u;* le mot *enchanté* se dira: *en ch an t é*, et non *e ne che a ne te é*.

Aussitôt que l'enfant saura épeler les mots, il faudra les lui faire dire sans épeler à la leçon suivante, et ne pas attendre plus longtemps. Du reste, toutes les fois qu'il pourra lire sans épeler, il faudra l'y engager.

On ne doit pas oublier que l'enfant apprend à lire plutôt par instinct que par raisonnement. C'est pourquoi il faut aider cet instinct, et tâcher de le former par des répétitions fréquentes de mots faciles à prononcer et à retenir. Il ne faut pas craindre qu'il sache sa leçon par cœur, au contraire, c'est un moyen qui lui aide à retenir et surtout à articuler les mots, que souvent il connaît sans pouvoir les énoncer. On devra donc beaucoup lui aider pour la prononciation, surtout dans les commencements ; ainsi, on pourrait lui nommer les lettres ou les mots en lui disant de les montrer, ce qu'il fera plus facilement que d'exprimer lui-même le nom ; plus tard, après l'avoir bien exercé, on lui montrera les mots, alors il pourra dire lui-même le nom.

Il n'est pas nécessaire d'attendre que les enfants connaissent imperturbablement toutes les lettres ou tous les mots de leur leçon, pour passer à la leçon suivante. Cette espèce de concession les encourage, en leur procurant le sentiment de leur progrès, et elle est toujours d'un très-bon effet. Il sera facile, dans une autre leçon, de les affermir dans les principes, puisqu'ils sont tous répétés, à ce dessein, dans chaque nouvelle leçon. Cependant il ne faut rien précipiter, de même qu'en obligeant les enfants à lire des mots sans nommer les lettres, il serait imprudent d'exiger qu'ils les prononçassent d'un seul trait. Supposons le mot *docilité*, pourvu que les élèves puissent lire *do ci li té*, en faisant une pause entre chaque syllabe, c'est tout ce qu'on peut désirer pour le moment ; ensuite on exigera d'eux graduellement un peu plus de célérité dans la jonction des syllabes, jusqu'à ce qu'ils prononcent naturellement les mots.

1, 2, 3, 4, 5, 6, 7,

(Alph

a b c d e f g h i j k l m
A B C D E F G H I J K L M

(Voy

a e i o u

(Con

b c d f g h j k l m

(Lettres

a b c d e f g h i j k l m

LEÇON.

8, 9, 10, 11, 12.

abet.)

n o p q r s t u v x y z
N O P Q R S T U V X Y Z

elles.)

y e é è ê

sonnes.)

n p q r s t v x z

italiques.)

n o p q r s t u v x y z

DEUXIÈME

b c d f g h j k l m
a e i o u y e é

ba	be	bi	bo	bu	ha	he	hi	ho	hu
ca	ce	ci	co	cu	ja	je	ji	jo	ju
da	de	di	do	du	ka	ke	ki	ko	ku
fa	fe	fi	fo	fu	la	le	li	lo	lu
ga	ge	gi	go	gu	ma	me	mi	mo	mu

papa mène ra zo é à l'école, hé lè ne a lu u ne page facile, é li sa fi ni ra sa pe lo te à mi di, caroline, qui a é té sage, a reçu u ne image de sa mère, l'é tu de se ra facile.

LEÇON.

n p q r s t v x z
è ê j' l' m' n' s'

na	ne	ni	no	nu	ta	te	ti	to	tu
pa	pe	pi	po	pu	va	ve	vi	vo	vu
qua	que	qui	quo	quu	xa	xe	xi	xo	xu
ra	re	ri	ro	ru	za	ze	zi	zo	zu
sa	se	si	so	su					

é mi le o bé i ra, a-na to le se ra le mo-dè le de l'é co le, la pi é té de ro si ne se ra so li de, ré my a de la fa ci li té, cé sa ri ne a pe sé le ki lo de ca fé mo ka, la za re a é té po li.

honorine a récité, lazarine va lire, l'école finira à midi, valère adorera la divinité, le malade avalera la médecine amère, caroline dînera à l'école, adèle sera de la fête, ta mère punira ta vanité ridicule, le père jérôme a une lévite de ratine, la fête de sara a été u ti le à sa mè re, le ma la de a bu de la ti sa ne a mè re, le re mè de a é té u- ti le, le mé ri te ra re de pa pa le fe ra é li- re dé pu té, sé vè re a bu du ca fé, ho no- ré a go bé la pi lu le, ma ri a fe ra le ta- pa ge, sa mè re la pu- ni ra, é lé o no re i ra à la ca ve, bo ni fa ce a ti ré sa pe ti te ca- ra bi ne.

TROISIÈME

a b c d e f g h i j k l m n

(Consonnes

Ne faire prononcer que
at ée es it os ut as op êt is us

b la ble bli blo blu	b ra bre bri bro bru
c la cle cli clo clu	c ra cre cri cro cru
f la fle fli flo flu	f ra fre fri fro fru

la bra va de de bruno se ra blâ mée, le vé ri ta ble mi ra cle a é té pro cla mé, la pla ce pu bli que blo quée, la fa ri ne blu tée, la bre bis do ci le, bri gi tte bro de ra la cra va te de pa tri ce.

LEÇON. 13

o p q r s t u v x y z e é è ê

nulles.)

la première lettre.

ie ap ot id dd ff mm nn pp rr

d ra dre dri dro dru	g ra gre gri gro gru
g la gle gli glo glu	p ra pre pri pro pru
p la ple pli plo plu	t ra tre tri tro tru

la fabrique de drap a été brûlée, la classe finira à midi, le climat de la russie, la clôture brisée, la crême su créée, le crucifix de ma crine, la flamme a brûlé la flotte, une grena de flé trie.

notre père réprimera la brutalité de nicolas, ne méprisez pas les misérables, votre visite me sera agréable, je félicite votre frère de sa probité, la prodigalité de rosalie a été blâmée, valérie a récité sa fable, fany a déjà une écriture très-lisible, le livre que zélie m'a prêté

TROISIÈME LEÇON.

m'a pa ru a gré a-ble, do mi ni que é-crit u ne pa ge, sa plu me ne va pas, le fro ma ge de nos bre bis se ra gras, jé rô me cri ble ra le blé, le mi ra cle de jé sus re ssus ci té a é té vé ri fi é, le frè-re du cu ré de la mé-tro po le é cri ra à re my, lu cie a pe sé u ne li vre de su cre.

b c d f g h j k l m

a e i o u y e é

ch sch gn th-t	ph-f
ch a che chi cho chu	ph a phe
gn a gne gni gno gnu	ph ra phre
th a the thi tho thu	qu a que

la cha ri té du ca tho- li que ra mè ne ra le schis ma ti que a bu- sé, la ma gna ni mi té de vo tre frè re se ra pré fé rée à vo tre lâ- che té, é pi pha ne a dé chi ré le schall de so phie.

LEÇON.

n p q r s t v x z

è ê j' l' m' n' s'

qu-q gu-g			sp st				
phi	pho	phu	sp a	spe	spi	spo	spu
phri	phro	phru	st a	ste	sti	sto	stu
qui	quo	quu	v ra	vre	vri	vro	vru

jo sé phi ne bro de ra u ne cha pe ma gnifi que, phi lo mè ne fe ra du cho co lat, le pé ché dé gra de l'âme, le vi gno ble sera ri che, la ti sa ne gué ri ra le rhu me de pa pa.

2

la za re mé ri te la cha ri té du ri che, le cha pe let de ma mè re a é té bé nit, la pe ti te ma thu ri ne a é té re çue à la cha ri té, jo sé phi ne ré ci te ra u ne pa ge de gé o gra phie, thé o do re li ra le pa ra gra phe, pa pa a bu sa cho pi ne de ci dre, le pro phê te jo nas a pré dit la rui ne de ni ni ve.

QUATRIÈME LEÇON.

ma chère mère ne te chagrine pas, zélie sera sage, tu vénèreras le crucifix de notre église, la magnanime charité de notre curé sera bénie, la cloche sonnera le glas funèbre, je préfère les haricots gris, la bibliothèque publique va être réparée.

ABCDEFGHIJKLM

ch sch gn	th-t ph-f
ab eb ib ob ub	ad ed id od ud
ac ec ic oc uc	af ef if of uf
ax ex ix ox ux	ag eg ig og ug

Félix sera absolu. Adolphe sera actif. Le merle siffle. Octave partira mercredi. Justine sortira du parc. La méthode de lecture a été adoptée. La barque de Michel a chaviré sur le lac. Le blé sera cher.

LEÇON.

NOPQRSTUVXYZ

qu-q gu-g	dd ff mm nn pp rr [1]
al el il ol ul	ar er ir or ur
ap ep ip op up	as es is os us
cal cel cil col cul	gar ger gir gor gur

Ernestine portera une lettre à la poste. Théodore a perdu le canif de sa mère. Marceline regarde par la fenêtre. Notre mer le fermera le bec. Le carnaval sera très-tard cette année.

[1] Faites remarquer que l'*e* devant la *consonne double* a le son d'*e ouvert*, bien qu'il n'ait pas d'accent.

L'É vê que fe ra sa vi si te pas to ra le. Le ca po ral a é té dé co ré. Le pe tit Ra- pha ël a de la fa ci- li té; s'il se co rri ge de sa lé gè re té, sa mè re le mè ne ra à la pro me na de; s'il ne se co rri ge pas, il se ra pri vé de sor- tir. L'hi ver va fi nir, l'her be va re ver dir, e lle ta pi sse ra le bo ca ge.

CINQUIÈME LEÇON.

La fo rêt se ra a gré a ble par sa ver du re. Al fred par ti ra le sac sur le dos, il i ra cher cher for tu ne. Fé lix i ra à Bar ce lo ne, de là à Ma da gas car. Je me dis po se à sor tir. La pes te a dé so lé la vi lle. Cé les ti ne i ra cher cher le pur ga tif à la phar ma cie. Le ber ger a per du u ne de ses bre bis.

ch sch gn	th-t ph-f
ab ac ad al ar	ex ec el er es
an am en em	in im ain aim ein

en s em ble	in so l en ce
v en d an ge	im pru d en ce
am bu lan te	p ain, f aim

L'en fant qui a le dé-sir de de ve nir sa-vant, ne perd pas le temps à par ler i nu-ti le ment. Vin cent ne se fe ra pas a tten-dre, il vien dra de-main ma tin bê cher le jar din. L'en fant Jé sus a o bé i à la sain te Vier ge.

LEÇON.

qu-q gu-g	j' l' m' n' s'	dd ff mm nn pp
ic if il ir is	oc ol op or os	ul up ur us
on om ont	un um	ien oin

on cle	l un di	le m ien
om bre	par f um	be s oin
com pa ssi on	cha c un	un ch ien

Ma man me con du i-ra à la me sse. Di-man che, si je suis sa ge, e lle me do-nne ra un se rin. Le pein tre vien dra lun-di. Quand les en-fants sont sa ges, on les ré com pen se; on les pu nit, s'ils sont mé chants.

Les mon ta gnes des en vi rons sont très-é le vées. Hen ri ré u ni ra ses pe tits a mis dans le jar din a fin de s'a mu ser en sem ble; les fru its sont mûrs, ils en man ge ront, car ils sont très-bons ce tte a nnée. L'en fant qui o bé it à ses pa rents de vient sa ge et ins tru it, il a pprend à ho no rer son pè re.

SIXIÈME LEÇON.

L'en fant in do ci le a ffli ge ses pa rents, il res te dans l'i gno ran ce, ce qui le rend in ca pa ble d'ê tre u ti le; sa vie se pa sse ra dans la mi sè re et le mé pris. Le temps per du ne re vient pas. Ce lui qui fré quen te des per so nnes sa ges de vien dra sa ge. Le mal suit les mé chants.

ch sch gn	th-t ph-f
ab ac ad al ar	ex ec el er es
an am en em	in im ain aim ein
eu eur œur œuf	ai ei et est ais ait aie è

feu, leur, cœur, bœuf.	mai, rei ne, mais, fait,
heu reux, fu reur.	ai me, net, ja mais,
Eu ro pe, Eu lo ge.	ai gre, pei ne, lait.

Ma pe ti te sœur Eugénie a un bon cœur; elle a do nné son œuf et a par ta gé son mor ceau de bœuf avec un pau vre; elle mé ri te d'ê tre heureu se; Dieu la récom pen se ra de cette bo nne œu vre.

LEÇON.

qu-q gu-g	ses ces des	les mes tes
ic if il ir is	oc ol op or os	ul up ur us
on om ont	un um	ien oin
au eau	ou our	oi oir

é pau le, beau,	mou, jour,	roi, voir,
au tel, mar teau,	ou bli, our lé,	la loi, bon soir,
au be, tra vaux.	ou vra ge, four.	la joie, sa voir.

Le maître a dé fait le bo nnet de lai ne qu'Eu gè ne a vait fait a vec tant de pei ne. Le va let a trou vé le bra ce let que sa maî- tre sse a vait per du et qu'e lle re gre- ttait. L'au tru che est un oi seau fort haut.

Ma man a fait un gi let de lai ne au cro chet. Il faut ai mer Dieu de tout son cœur. Le pre mier de voir des en- fants est la do ci li té. L'en fant qui o bé it à ses pa rents et à ses maî tres de vient sa ge et ins tru it. Il a pprend à ho no rer Dieu, à res pec ter son pè re et sa mè re, à ai mer son pro- chain, et à se bien con dui re en tou tes cho ses. Il s'ha bi tue au tra- vail et à l'or dre; il ac qui ert u ne fou le de co nnai ssan ces u ti les. Il est ai mé de tout le mon de, et il est sa tis fait de lui-mê me. L'en fant in- do ci le o ffen se Dieu, a ffli ge ses pa rents et res te dans une i gno ran ce hon teu se qui le rend in ca pa ble, lors qu'il est de ve nu ho mme, d'ê tre u ti le à lui-mê me et aux au tres. Sa vie se pa sse dans la mi sè re et le mé pris.

SEPTIÈME LEÇON.

Il faut se rendre à l'école à l'heure précise, et ne pas se faire attendre. Étant arrivé, on doit se taire, et ne dire aucune parole que quand le maître ou la maîtresse vous interroge. Quand la prière se fait, on l'écoute attentivement, étant à genoux, et tourné du côté du crucifix. L'enfant qui a le désir de devenir savant, ne se décourage pas; au contraire, il éprouve du plaisir quand il étudie. Le maître prudent récompense l'élève sage, et punit le fainéant qui ne fait pas son devoir. Nous devons servir notre Créateur et le bénir chaque jour. Aimons et pratiquons la vertu, si nous voulons être véritablement heureux. Il faut faire l'aumône autant qu'on le peut, et secourir ceux qui sont dans le dénûment.

ch sch gn	th-t ph-f
ab ac ad al ar as	ex ec el er es
an am en em	in im ain aim ein
eu eur œur œuf	ai ei et est ais ait aie è
ch - k	c' c ç sc-s

Cho lé ri que	fa ça de
chry so ca le	ba lan çoi re
Chris ti ne	sci en ce

Jé sus-Christ a insti tu é le sa cre ment de l'eu cha ris tie pour ê tre la nou rritu re du chré tien. L'ar chan ge Ga briel sa lu a la sain te Vier ge. Le chœur de la ca thé dra le.

LEÇON.

qu-q gu-g	ses ces des	les mes tes
ic if il ir is	oc ol op or os	ul up ur us
on om ont	un um	ien oin
au eau	ou our	oi oir
t - s	s - z	g - j

ré cré a tion	poi son	gé né ral
in sa ti a ble	in fu si on	pi geon
su per sti ti eu se	peu reu se	man gea ble

Ma cou si ne a re çu la con fir ma tion, sa dé vo tion é tait re mar qua ble. Phi li ppe a reçu une déco ra tion pour une ac tion glo ri eu se. La vi gne bour geo nne, voi ci l'été.

Le saint Chrê me est un mé lan ge d'hui le et de bau me con sa crés le Jeu-di-Saint; il sert aux onc tions des sa-cre ments. La gran de sci en ce du chré tien con si ste à co nnaî tre Dieu et Jé sus-Christ, son fils. Tout le mon-de ai me à voir l'en fant sen si ble et gé né reux qui com pâ tit aux maux de son sem bla ble. Il ne faut di re que la vé ri té et ne ja mais men tir; quand on a voue sa fau te fran che ment, on est pres que sûr d'en ob te nir le par-don; mais ce lui qui a re cours au men-son ge pour ca cher sa so tti se se rend en co re plus cou pa ble et mé ri te pu-ni tion. La do ci li té du jeu ne Lé on lui a pro cu ré u ne pla ce di stin guée; son com pa gnon in do ci le a été mé-pri sé.

HUITIÈME LEÇON.

On blâ me u ne ac tion con trai re à la ver tu. Un en fant prou ve qu'il a un mau vais cœur, quand il se plaît à di re les fau tes de ses ca ma ra des et sur tout cel les de ses frè res et sœurs; il se ra ha ï et dé tes té de tout le mon de. Le jo li pa pi llon vol ti ge dans la prai- rie. Le ro ssi gnol fait en ten dre son jo li ra ma ge dans le bo ca ge voi sin. La ro se ré pand u ne o deur a gré a- ble. Le pe tit oi seau cher che de l'her be sè che pour fai re son nid ; quand il l'au- ra fi ni, nous le re gar de rons ; mais il ne fau dra pas le pren dre, le pau vre pe tit au rait trop de cha grin. Il faut ê tre hu main, mê me en vers les a ni- maux. Un bien fait n'est ja mais per du. On es ti me et on ai me les en fants ver- tu eux. L'am bi tion cau se sou vent bien des tour ments.

NEUVIÈME

ch sch gn	th-t ph-f
ab ac ad al ar as	ex ec el er es
an am en em	in im ain aim ein
eu eur œur œuf	ai ei et est ais ait aie è
ail aill	euil euill

un é ven tail	é cu reuil
la mé daille	la feuille
un ba taill on	le sot or gueil

La ba taille s'est do nnée, le por tail a é té ren ver sé. Le tra vail a fait pros-pé rer la fa mille du taill eur. Lé on por te ra le fau teuil au rem paill eur. Les feuilles jau ni ront au mois d'oc-to bre. L'é cu reuil est un pe tit a ni-mal très - a gi le. Le so leil brille d'un vif é clat à tra vers la feuill ée. La gra-ppe ver meille se ca che de rri è re le feuill a ge tou ffu de la treille. L'a beille bu ti ne dans la prai rie é maill ée de fleurs.

LEÇON.

qu-q gu-g	ses ces des	les mes tes
ic if il ir is	oc ol op or os	ul up ur us
on om ont	un um	ien oin
au eau	ou our	oi oir
eil eill	ill ouill	uill

le so leil	la fa mille	ai guille
la bou teille	la que nouille	cuill è re
les gro seilles	le bouill on	ai guill on

On so nne ra le ré veil au le ver du so leil. Ce tte cor beille de gro seilles a rri ve à mer veille pour ré ga ler ces pe ti tes de moi selles, qui ont si bien tra vaillé pour fai re plai sir à leur fa-mille. La che nille se trans for me en pa pill on. La pa trouille a a rrê té qua-tre vo leurs de vant le ma ga sin de quin caille rie. Ma fille a ga gné la mé-daille en tra vaill ant à l'ai guille. L'oi-seau ga zouille.

Un bon bouillon avec une bouteille de vin de paille, ont merveilleusement aidé à réchauffer Guillaume, qui arrivait de son travail tout mouillé. Dans une année il y a quatre saisons : le Printemps, l'Été, l'Automne et l'Hiver. Le Printemps commence vers le vingt mars ; il succède à l'hiver, et dure jusqu'au vingt et un juin. Le Printemps est la saison des fleurs. L'Été commence vers le vingt et un juin, il finit au vingt-trois septembre. C'est en été que l'on recueille le foin et le blé. L'Automne commence vers le vingt-trois septembre, et finit au vingt-deux décembre. C'est en Automne qu'on récolte les raisins et les fruits. L'Hiver commence vers le vingt-deux décembre, et finit au vingt mars. L'Hiver est la saison des neiges, des glaces et du froid. C'est une saison triste et rigoureuse ; les arbres n'ont point de feuilles, on ne voit aucune fleur. L'air est obscurci par de gros nuages noirs ; les jours sont très- courts.

NEUVIÈME LEÇON.

La nei ge cou vre la sur fa ce de la te rre ; l'eau est pres que tou te chan gée en gla çons. Les pau vres pe tits oi seaux sont tran sis de froid ; ils ne font en ten dre qu'un cri plain tif ; ils n'ont point de nou rri tu re. Mais voi ci un pe tit gar çon qui est en co re plus à plain dre ; ses ha-bits sont dé chi rés ; il de man de hum ble ment un mor ceau de pain ; il faut le fai re ve nir à la mai son.

ch sch gn	th-t ph-f
ab ac ad al ar as	ex ec el er es
an am en em	in im ain aim ein
eu eur œur œuf	ai ei et est ais ait aie è
ail aill aille	euil euill euille
ch - k	ent-e er ez-é

a na cho rè te	ai mer
pa tri ar chal.	Vous ai mez
chry sa li de	Ils ai ment

Ai mez Dieu. Ne men tez ja mais, et l'on croi ra tou jours ce que vous di rez. Il faut pri er Dieu, es pé rer en lui et l'ai mer de tout son cœur. Un en fant la bo ri eux ai me l'é tu de, les en fants sa ges ai ment leurs pa rents. Si vous ai miez sin cè re ment la ver tu, vous la pra ti que riez. Le so leil brille pendant le jour; les é toi les brillent du rant la nuit.

LEÇON.

qu-q gu-g	ses ces des	les mes tes
ic if il ir is	oc ol op or os	ul up ur us
on om ont	un um	ien oin ieu
au eau eaux	ou our	oi oir
eil eill eille	ill ouill ouille	uill uille
t - s	j' l' m' n' s'	e é è ê

a ddi tio nner	je m'a mu se	Ils sont ai més
Vous affectionnez	tu t'a mu sais	et ché ris
Ils bal bu tient	il s'a mu sait	nos é lè ves

Le temps é tait beau, les ar bres étaient cou verts de fleurs. Le ro ssi gnol chan tait dans le feuill a ge ; les a loue ttes chan taient en s'é le vant dans l'air. Les va llons re ten ti ssaient des chants d'a llé gre sse ; les é chos ré pétaient les jo lis re frains des ber gers. Le maî tre fai sait ad mi rer·

LECTURE COURANTE.

Oraison dominicale.

Notre père qui êtes aux cieux, que votre nom soit sanctifié, que votre règne arrive ; que votre volonté soit faite sur la terre comme au ciel ; donnez-nous aujourd'hui notre pain de chaque jour ; pardonnez-nous nos offenses, comme nous pardonnons à ceux qui nous ont offensés ; et ne nous laissez pas succomber à la tentation ; mais délivrez-nous du mal. Ainsi soit-il.

Salutation angélique.

Je vous salue, Marie, pleine de grâces, le Seigneur est avec vous : vous êtes bénie entre toutes les femmes, et Jésus, le fruit de vos entrailles, est béni. Sainte Marie, Mère de Dieu, priez pour nous, pauvres pécheurs, maintenant et à l'heure de notre mort. Ainsi soit-il.

DIXIÈME LEÇON.

Symbole des Apôtres.

Je crois en Dieu, le Père tout-puissant, créateur du ciel et de la terre ; et en Jésus-Christ son fils unique, notre Seigneur, qui a été conçu du Saint-Esprit, est né de la Vierge Marie, a souffert sous Ponce-Pilate, a été crucifié, est mort, a été enseveli, est descendu aux enfers, le troisième jour est ressuscité des morts, est monté aux cieux, est assis à la droite de Dieu le Père tout-puissant, d'où il viendra juger les vivants et les morts.

Je crois au Saint-Esprit, la sainte Eglise catholique, la communion des Saints, la rémission des péchés, la résurrection de la chair, la vie éternelle. Ainsi soit-il.

LECTURE COURANTE.

Il y a bien longtemps, bien longtemps, qu'il n'y avait ni ciel, ni terre : il n'y avait que Dieu ; car Dieu, mes enfants, a toujours été. Lorsqu'il lui plut de faire le monde, il n'eut qu'à vouloir et aussitôt tout fut fait : le soleil, la lune, les étoiles, les oiseaux qui volent dans l'air, les poissons qui nagent dans l'eau, les bêtes de toutes espèces qui vivent sur la terre, les arbres et toutes sortes de plantes; en un mot, le ciel, la terre, la mer et tout ce qu'ils renferment sortirent du néant. Si Dieu voulait, dans ce moment, faire de cette chambre un jardin, il n'aurait qu'à dire : Je veux, et aussitôt il en sortirait des plantes, des arbres de toutes espèces ; la chambre deviendrait un jardin, car Dieu est tout-puissant.

LECTURE COURANTE.

Pour faire l'homme, il prit un peu de terre et en forma un corps ; mais ce corps ne pensait pas, ne parlait pas : il était sans mouvement. Dieu, pour le faire penser et agir, créa une âme spirituelle et immortelle, qu'il unit à ce corps, et aussitôt le voilà qui se remue, qui pense, qui marche, et Dieu lui apprend à parler ; il l'appela Adam. Comme il se serait ennuyé tout seul, le bon Dieu lui envoya une grande envie de dormir ; pendant qu'il dormait, il lui prit tout doucement une de ses côtes et en fit une femme, grande comme une maman, qu'il appela Ève. Lorsqu'Adam fut éveillé, il la lui donna pour épouse, et Adam l'aima comme sa propre vie. Adam et Ève sont nos premiers parents ; c'est d'eux que sont sortis tous les hommes.

COMMANDEMENTS DE DIEU.

1. Un seul Dieu tu adoreras
   Et aimeras parfaitement.
2. Dieu en vain tu ne jureras,
   Ni autre chose pareillement.
3. Les Dimanches tu garderas,
   En servant Dieu dévotement.
4. Père et mère honoreras,
   Afin que tu vives longuement.
5. Homicide point ne seras,
   De corps ni de consentement.
7. Le bien d'autrui tu ne prendras,
   Ni retiendras injustement.
8. Faux témoignage ne diras
   Ni mentiras aucunement.
9. L'œuvre de chair ne désireras,
   Qu'en mariage seulement.
10. Les biens d'autrui ne convoiteras,
    Pour les avoir injustement.

COMMANDEMENTS DE L'ÉGLISE.

1. Les Dimanches Messe ouïras,
   Et Fêtes de commandement.
2. Tous tes péchés confesseras,
   A tout le moins une fois l'an.
3. Ton Créateur tu recevras,
   Au moins à Pâques humblement.
4. Les Fêtes tu sanctifieras,
   Qui te sont de commandement.
5. Quatre-Temps, vigiles, jeûneras,
   Et le Carême entièrement.
6. Vendredi, chair ne mangeras,
   Ni le samedi mêmement.
7. Hors le temps, noces ne feras,
   Les célébrant chrétiennement.
8. Les excommuniés tu fuiras,
   Les dénoncés expressément.
9. Quand excommunié seras,
   Fais-toi absoudre promptement.

Fin.

www.ingramcontent.com/pod-product-compliance
Lightning Source LLC
LaVergne TN
LVHW022209080426
835511LV00008B/1658